Frank Neuland

Todeskandidat FREIHEIT

Politisches Pamphlet

Frank Neuland

Todeskandidat FREIHEIT

Politisches Pamphlet

Bibliografische Information der Deutschen Nationalbibliothek:
Die Deutsche Nationalbibliothek verzeichnet diese Publikation in der Deutschen Nationalbibliografie; detaillierte bibliografische Daten sind im Internet über http://dnb.dnb.de abrufbar.

Bildnachweis: Canva

Herstellung und Verlag: BoD – Books on Demand, Norderstedt

ISBN: 9783842378636

Inhalt

Die Politik,
insbesondere unter Angela Merkel,

hat die Bürger Deutschlands
als Geisel genommen.

Wir befinden uns deshalb in einem

langen, finsteren Tunnel,

an dessen Ende allerdings immer
noch

das Licht der Freiheit

leuchtet.

Es bedarf jedoch
erheblicher Anstrengung,

einmal aufgegebene Freiheit
zurück zu erobern!

Frank Neuland
Deutscher Autor und Schriftsteller

Die BRD ist ein ekelhaftes Staatsgebilde.

Ihre wahre Übersetzung heißt

„Banker- und Banausen-Republik Deutschland“

Rolf Hochhuth
Deutscher Dramatiker und Schriftsteller

Freiheit auf dem Schafott!

Es ist soweit! Diabolus ist angetreten zum letzten Gefecht. Erkennbar ist das am Besuch des stark pigmentierten US-amerikanischen Padischah mit den muslimischen Vornamen Barack Hussein in Hannover, Protektorat Deutschland, anlässlich der Hannover Messe. Es ist die wohl optimale Gelegenheit, der bewährt unterwürfigen, hörigen deutschen Statthalterin von US-Gnaden die ultimativen Befehle für die Entscheidungsphase zu erteilen. Dies kann hier elegant und problemlos unter vier Augen geschehen. Bei den üblichen Kommunikationskanälen kann sich das Regime nicht sicher sein, ob der nach ihrer Meinung Schänder der Freiheit Vladimir Vladimirovich aus Moskau womöglich mithört, und den geheimen Plan entweder aufdeckt oder, boshaft und hundsgemein, wie er ja immer wieder laut allen westlichen propagandistischen Mainstreammedien ist, sich das erschlichene Wissen zunutze macht.

Schon das Erscheinen des Heilsbringers aus dem wahren Imperium der Gutmenschen auf der Treppe, die von seinem Flugzeug aus auf den von den Gutmenschen eroberten und besetzten deutschen Boden führte, konnte Betrachtern kalte Schauer des Entzückens über deren Rücken bis hinab in die Poritze jagen. Ein triumphierender Rundum-Blick und er schwebte so wunderbar hinab in seiner Vasallen Land. Um dem dummdeutschen, unterworfenen Michel auch gleich zu zeigen, dass Cäsar der Gottgleiche eingetroffen war. Seine Lehnsfrau, die ihn bereits sehnsüchtig mit schweißigen Händen erwartete, bekam postwendend einen Negerkuss auf ihre faltigen Wangen. Dies geschah allerdings nicht zu fest, weil ansonsten die kräftig aufgetragene Tünche Risse bekommen und die Fratzenhaftigkeit ihrer Verräter-Visage zur Schau gestellt hätte.

Merkwürdig und zugleich interessant ist jedoch das später auf der Messe gezeigte Verhalten der beiden Freiheitsunterdrücker. Während der Padischah mit überheblichem Grinsen seine Dienerin mit zuckersüßen Aussagen lobt, wusste Miss Universum nicht so recht, was sie von dessen Lobhudelei halten soll. Wir fragen: Kann es sein, dass dies der Abgesang ist, der den Anfang vom Ende der Ära Merkel einläutet? Würde ja auch zu OhBananas bevorstehendem Ende seiner „Amts"-Zeit passen. Außerdem gilt noch immer der Spruch: Der Mohr hat seine Schuldigkeit getan – der Mohr kann gehen! Wobei in unserem Fall beide Protagonisten des Unheils gemeint sind.

Eilfertig machten anlässlich des Messebesuchs der beiden Höllenfürsten selbstverständlich auch die Repräsentanten der Konzerne ihre Aufwartung. Liebedienerisch stritten sie sich um die Rangfolge, welcher der überbezahlten Boni-Millionäre zuerst in den Enddarm der heiligen Führer eintreten darf. Gezeigt wurde eine durch Arbeit entstandene Glitzerwelt. Arbeit, nichts anderes, hat die allein selig machende Bedeutung und ist der Sinn unserer menschlichen Existenz. Das wusste schon das gute, alte inzwischen zu Gunsten des Jobcenters verstorbene Arbeitsamt. Dabei ist die Art der Arbeit, die Bedeutung von Beruf und womöglich Berufung völlig nebensächlich geworden. Arbeit ist Job haben ist Glück – auf diesen Nenner hat man sich verständigt. Ihr alle habt euch in den Staub zu werfen vor dem sakrosankten Gott Umsatz und Gewinn. Ihr Doofmichels habt die schönste

Zeit des Tages in engen Büroställen und Werkhallen zu verbringen, analog zur Massenviehhaltung. Ihr habt uns, den Eigentümern der Produktionsmittel, per Knebelung durch Arbeitsverträge zugesichert, euer Leben gegen Zahlung eines im Grunde schäbigen Lohns zu überantworten. Wenn ihr darüber hinaus so gierig seid, dass ihr Häuser, Immobilien, Autos, Fernreisen, etc., haben wollt, so müsst ihr euch eben verschulden, bis ihr kaum mehr atmen könnt. Nicht unser Problem: Seid bescheiden, dann reicht es (vielleicht) auch. Darüber hinaus: Was geht uns, die Führer der globalisierten Welt euer innerer Zustand an? Was eure Krebsgeschwüre, eure Depressionen, die Zerstörung eurer Seelen? Nichts, rein gar nichts! Vielmehr ist es gut und segensreich für die Pharma-Konzerne und die Medizin-Mafia, und nicht nur für diese – alles für deren Umsatz und Gewinn. Das bedeutet in der Folge, Brosamen aus dem Umsatz für diejenigen, die ihn zustande bringen, und der Gewinn für uns, die wir himmelhoch über euch stehen.

Noch ein paar Worte zum kleinen Gipfel auf Schloss Herrenhausen im Großen Garten von Hannover. Die Konzernlenker haben die

Audienz bei OhBanana genossen, und begaben sich nun mit stolzgeschwellter Brust zu einem fürstlichen Mahl in die Sternerestaurants, um diesen Glückstag angemessen abzurunden. Der Inhaber der BRD hingegen hat beschlossen, sich zusammen mit seiner Verwaltungsangestellten noch einige Stunden auf Kosten der deutschen Steuerzahler in einem Schloss zu vergnügen. Aber nicht allein, denn das wäre langweilig. Da müssen schon ein paar Amigos eingeflogen werden. Cameron, Hollande und Rienzi heißen die, welche an diesem Tag sich verlustieren wollen. Das Merkel wird schon anständig auftischen lassen, denkt sich insbesondere der als bekennender französischer Gourmand darauf besonderen Wert legende französische Gourmand Hollande. Fazit: sollte jetzt irgendeiner von uns Kretins der regierungsamtlichen Propaganda im Fernsehen glauben, dass hier zum Wohle der Bürger verhandelt wurde, so hat der sich aber sowas von geschnitten, seinen Verstand an der Obrigkeitsgarderobe abgegeben.

Viel eher ist das Szenario wahrscheinlich, in dem die selbstherrliche Verwalterin zum Gaudium der Anwesenden wie folgt referierte.

„Manches Mal, geliebter Barack Hussein und ihr Nachgeordneten, fangen die da unten an zu plärren: Wir sind das Volk! Aber - wir haben absolut nichts gegen euren einfältigen Slogan, denn er amüsiert uns erheblich. Ich sage euch: Freilich seid ihr das Volk, das Volk der Hohlköpfe, die nicht erkennen können und wollen, dass sie mit ihren lachhaften Sprüchen gar nichts erreichen. Die Killer meines Herrn und Gebieters knallen euch doch schon ab, wenn ihr nur eure Kartoffelnasen aus dem Fenster streckt. Uns müsst ihr schon mit anderem Kaliber kommen. Doch hier, wie in allen Bereichen des gesellschaftlichen Lebens, haben wir bereits seit langem vorgesorgt, dass ihr dazu so gut wie keine Möglichkeit habt. Immer wenn ihr glaubt, das Rennen gegen uns gewinnen zu können, solltet ihr euch die Geschichte vom Igel und dem Hasen vor Augen halten und erkennen: Wir sind der Igel und ihr der Karnickel. So auch jetzt, indem wir eure Freiheit bis zum Exitus strangulieren werden. Es sei denn: Ihr wacht endlich auf und zeigt uns mittels fliegendem Blei, wo der Bartel den Most holt. Doch das ist nicht zu erwarten, denn wir haben eure Gehirne in jahrzehntelanger Arbeit derart verseucht, dass ihr uns sogar dann noch anbetet, wenn wir euch die Kehle durchschneiden lassen.“ Begeisterter Applaus und Verleihung des diamantenen Ordens vom Tödlichen Virus an die vor Freude puterrot gewordene Verwalterin.

Unsere Gesellschaft war bis Anfang der Neunziger-Jahre geprägt durch inneren Zusammenhalt, welcher danach mit zunehmender Brutalität durch die politischen Machtstrukturen vorsätzlich zerstört wurde und wird. Die Freiheit wird zunehmend durch staatlichen Druck und Zwang eingeschränkt. Das ist wie bei der Folter: Nach und nach wird das Ausmaß der Quälerei fein abgestimmt gesteigert. Solange, bis das gewünschte Ergebnis erreicht ist, nämlich, dass die Bürger willfährig werden und kuschen. Ein Prozess, der insbesondere bei den Einheimischen gut angenommen wird, wie es die Vergangenheit überdeutlich gezeigt hat. Der Deutsche liebt nun mal seine Obrigkeit und dessen Bevormundung durch unzählige Gesetze, Verordnungen und Vorschriften. Dass ihm diese Glaubenssätze auch zum Verhängnis werden können, blendet er zu gerne aus und lebt lieber in der Matrix. Die ersten zwanzig Jahre eines

Menschenlebens sind überwiegend naturgemäß von fehlender Erfahrung, Nichtwissen und der Übernahme der von anderen verbreiteten Wahrheiten geprägt, so dass der betreffende Mensch sich in der Regel ohne Argwohn in die von der Politik und Wirtschaft ausgelegten Lügenfallen hat locken lassen. Die folgenden vierzig Jahre wird er mit Anforderungen zugemüllt, bis er nicht mehr wirklich klar denken kann. Erst in seinen letzten zwanzig Lebensjahren kann er das Geschehene reflektieren, und müsste nun handeln, gegen das versklavende System aktiv vorgehen. Doch nein, was tut dieser Mensch. Er ist passiv. Er fährt lieber für billiges Geld in die Türkei, oder frisst sich mittags in der Gaststätte mit Riesenportionen Schweinshaxe voll. Hauptsache billig.

Entschuldigung, was um Himmels Willen ist denn das für ein Leben? Wo bleibt denn da die Freiheit? Oder genügt den meisten Menschen dieses kümmerliche Verständnis von Freiheit? Es sieht fast danach aus.

Oder etwa doch nicht? Regt sich bei den Bürgern Europas Widerstand gegen all die Einschränkungen, die Zumutungen, die Unterwerfung unter den Willen fremder Invasoren? Erkennen die Bürger endlich den Unterschied zwischen Europa und der stalinistisch-nationalsozialistisch geprägten Europäischen Union, deren erklärtes Ziel es ist, die Bürger und Rassen zu einem gesichtslosen Einheitsbrei zu verschmelzen, der sklavisch im Zaum gehalten werden kann? Die EU ist erkennbar, denn sie kann sich nicht so viele Masken wie erforderlich aufsetzen, um alle Bürger zu täuschen, die Quelle allen Übels, das uns seit Jahren mit steigender Tendenz und Härte unterjocht. Als besonders bösartiger Teil des Krebsgeschwürs stellt sich hierbei unsere Regierungsclique unter dem Oberkommando der Führerin Merkel heraus. Es heißt nicht umsonst bei anderen europäischen Völkern: Schaut hin, wieder mal die Deutschen! Diese Frau mit dem Namen Angela (Engel) Merkel sollte Botin des Todes genannt werden.

Wie konnten wir es nur zulassen, dass sich diese Frau ohne Ehre an die Spitze unserer Gesellschaft einschleichen konnte. Wir kannten doch ihren sozialistischen Hintergrund, ihre Denkweise, ihr verschlagenes Wesen. Aber wem das eigenständige Denken beginnend bereits in der Grundschule über

Jahrzehnte hinweg abgewöhnt wird, der wird eben blind und taub gegen die meisten Entwicklungen um ihn herum. Nehmen wir uns kurz Zeit und betrachten wir diesen Menschen ganz nüchtern, so müssen wir feststellen, dass doch eigentlich jeder Mensch, der im Kopf noch richtig tickt, der Selbstachtung hat, angesichts der Tatsache, dass Millionen von Menschen in ihm einen Fäkalhaufen sehen, sich schleunigst zurück zieht und zu sich sagt: Ich bin auf dem falschen Weg! Das mache ich nicht länger mit! Ciao! Nicht so Merkel. Welch einen zum Erbarmen schäbigen Charakter muss sie haben, dass sie diese Einschätzung und diesen Zustand hinnimmt, ihn erträgt? Angesichts dieser Herangehensweise ist es kein Wunder, dass unter ihrer Führung der Ausverkauf der Freiheit nicht nur begonnen hat, sondern vielmehr beschleunigt betrieben wird. Bis hin zum dem Tag, an dem die Exekution der Freiheit endgültig vollzogen ist.

Betrachten wir nun einige der übelsten und gröbsten Handstreiche zur Beseitigung unserer persönlichen und gesellschaftlichen Freiheit.

Öffnung der Grenzen, Flutung unseres Landes und Europas mit völlig kulturfremden Menschen

Schon seit Jahren ist den einschlägigen (Regierungs-) Stellen das Problem der unkontrollierten Einwanderung bekannt. Viele Migrationsforscher haben darauf hingewiesen und ernste Warnungen ausgesprochen. Warum sind diese nicht beachtet worden? Die Erklärung ist einfach. Weil der Einmarsch der Invasoren politisch gewollt war. Es ging von Anfang an darum, die autochthone Bevölkerung zu schwächen und zu spalten. Ein Volk, das sich nicht einig ist, lässt sich viel leichter beeinflussen und regieren. Nach dem Prinzip, das der luxemburgische Politschmarotzer Jean-Claude Juncker, dem es nichts ausmacht, im besoffenen Zustand vor die Kameras zu treten, im Jahr 1999 öffentlich hinaus posaunte: „Wir beschließen etwas, stellen das dann in den Raum und warten einige Zeit ab, was passiert. Wenn es dann kein großes Geschrei gibt und keine Aufstände, weil die meisten gar nicht begreifen, was da beschlossen wurde, dann machen wir weiter – Schritt für Schritt, bis es kein Zurück mehr gibt.“ Und im Jahr 2011 setzte er noch eins drauf: „Wenn es ernst wird, muss man lügen.“ Was für ein charakterloses Subjekt, dieser sogenannte EU-Kommissionspräsident von eigenen Gnaden. Doch damit steht er nicht allein. Diese Haltung haben sich so gut wie alle Nichtsnutze in der Politik angeeignet.

An der Beseitigung der nationalen Grenzen ist deutlich zu erkennen, welche Spinner und Träumer in der Europäischen Union sitzen. Oder handelt es sich hier um Vorsatz-Täter? Was hat uns der Wegfall der Grenzkontrollen denn gebracht. Außer einer schäbigen, kleinen Zeitersparnis bei innereuropäischen Reisen nichts. Den Konzernen und Firmen vielleicht etwas. Doch wer kann sicher sagen, dass diese Tatsache nicht ausschließlich deren Gewinnerhöhung zugutegekommen ist, aber nicht dazu geführt hat, dass Waren und Dienstleistungen preisgünstiger werden oder das Heer der Arbeitssklaven davon wenigstens ein bisschen profitiert hätte? Es passt perfekt zur Brüsseler Politik: steigende Gewinne für die Konzerne – Vermögensplünderung bei den Bürgern. Die EU geriert sich inzwischen als

Staat – doch niemand hat ihr dieses Mandat erteilt, geschweige denn gab es Volksabstimmungen, die diesen Zustand rechtfertigen würden. Die EU ist ein künstliches, erzwungenes Projekt, das die wahren Bedürfnisse der europäischen Völker niemals wird erfüllen können. Merkel und ihre Spießgesellen in der EU wollen jedoch um jeden Preis ihre krankhafte Hirnwichserei durchsetzen und haben deshalb einen Krieg um die letzten Bastionen der Freiheit angezettelt – begleitet und gefördert vom US-amerikanischen Kriegsverbrecher Barack Hussein, der im Rahmen dieser Großoffensive allerdings sein eigenes, vergiftetes Süppchen kocht. Doch das merkeln unsere verblendeten Politbetrüger nicht oder wollen es gar nicht bemerkeln. Denn ist der Fresstrog derart prächtig mit (finanziellem) Futter gefüllt, so können die Schweine mit dem Fressen gar nicht aufhören.

Die Politik singt jetzt immer deutlicher dic Verblödungsarie von der Integration der unser Land bereichernden Invasoren. Wenn die Eingemeindung dieser völlig kulturfremden Menschen in die deutsche Gesellschaft angeblich gelingen kann, warum hat das dann in der Vergangenheit insbesondere mit den

Moslems nicht funktioniert? Wie kann das sein, dass in vielen Städten Deutschlands ganze Stadtteile von arabischen Clans übernommen wurden. Sich die Polizei dorthin nur noch in Kompaniestärke traut? Dass dort Tag und Nacht Recht und Gesetz gebrochen wird? Bei dieser Frage muss allerdings eingestanden werden, dass sich diese kriminelle Bande vermutlich nur an der hochwohllöblichen Kanzlerin orientiert, für die ja Gesetze dazu da sind, um gebrochen zu werden. Zahlen diese „Mitbürger" Steuern? Was tragen sie zu unserer Gemeinschaft bei? Nichts – sie sind Zecken, Blutsauger in unserem Körper.

Die der islamischen Ideologie mit dem Etikett des Glaubens anhängenden Menschen können wegen ihrer seit Geburt indoktrinierten Gehirne nicht klar denken. Die gequirlten, mörderischen Hasstiraden des „Propheten" Mohammed ziehen sich wie ein rotes (grünes) Band durch die Geschichte des Islam und haben die gesamte Existenz der an sie glaubenden Menschen vereinnahmt. Haben wir Europäer uns in jahrhundertelangem Kampf weitgehend von dieser Art Ideologie befreit, so ist es dem Islam gelungen, die Menschen immer tiefer in seine höllischen Abgründe zu ziehen. Und diese Menschen sollen zu uns passen? Nein, es ist schon so, dass sie sich niemals hier integrieren, sondern vielmehr immer unter sich bleiben werden.

Nicht außer Acht gelassen werden darf in diesem Zusammenhang keinesfalls, dass sie uns nämlich zutiefst wegen unserer Naivität, unserer Passivität, unserer mangelnden Wehrhaftigkeit verachten, selbst wenn sie uns anlächeln. Sie sehen sich perverser Weise als über uns stehend an, auch wenn sie sich im Straßendreck wälzen, während sie ihren imaginären Gott Allah anbeten. Bald wird es ohne Gegenwehr auch bei uns soweit sein wie in Marseille, wo ganze Straßenzüge zu den Gebetszeiten durch die Bückbeter blockiert sind. Wie kommen wir dazu, uns diese Einschränkung unserer Freiheit gefallen zu lassen? Das ist rücksichtslos, anmaßend und rechtswidrig. Warum muss man sich von den hochgereckten Hinterteilen der nach Steinzeitmethoden lebenden Moslems konfrontieren lassen? Wie kommen wir Deutschen dazu, vom Gehsteig auf die Straße abgedrängt zu werden, weil die Moslembande nebeneinander zu fünft oder sechst dessen ganze Breite beansprucht? Warum müssen wir uns bei jeder Gelegenheit beleidigen lassen: „Ich fick disch, deine Mutter, etc.?“ Nicht mal Tiere haben ein derart beschissenes Verhältnis zur Sexualität. Warum bedrohen uns diese Dreckstypen permanent, indem sie uns unverhohlen mitteilen, uns auslöschen zu wollen oder zumindest unser Land zu übernehmen, um uns dann wie Tiere halten und behandeln zu wollen?

Es gibt unendlich viele weitere Beispiele für die durch die Politik erzeugten Missstände dieser Art, wie beispielsweise die Forderungsmentalität dieser Menschen, welche vom Staat nicht zurückgewiesen, sondern sogar noch favorisiert wird und das ständige Beleidigtsein wegen jeder Kleinigkeit, die ihnen nicht in den Kram passt. Darüber hinaus ist besonders verabscheuenswert die Verachtung, welche der Islam generell allen Frauen und im speziellen den europäischen Frauen entgegenbringt, die allenfalls als Fickfleisch auf zwei Beinen gesehen werden. Diese Verachtung sitzt tief in den kranken Hirnen der Muslime. Selbst deren Frauen wehren sich nur vereinzelt, die große Masse denkt wie vom Propheten befohlen, und gibt dieses Verhalten an die Kinder weiter. Wie geht das mit Artikel 1 des Grundgesetzes „Die Würde des Menschen ist unantastbar" zusammen? Wie soll sich da der Freiheitsgedanke entwickeln?

Aber für unsere Politik gibt es das alles nicht. Auf deren Wolke Nummer sieben ist die Welt schön rosarot. Dieses Bild wird allenfalls nur durch die bösen Rechtspopulisten, früher als Nazis bezeichnet, getrübt. Deshalb dürfen wir es nicht mehr länger hinnehmen, dass uns diese Minderheit (noch) an wesens-und kulturfremden Menschen, und dazu gehören auch grundsätzlich Menschen afrikanischer Herkunft, die sich besonders gern als Drogendealer betätigen, in unserem eigenen Land terrorisiert, unsere Rechte aushebelt, unsere Sicherheit zur Makulatur macht, unsere Kultur beschmutzt, und nicht zuletzt unseren Wohlstand durch ihr parasitäres Verhalten bedroht. Sie werden sich nicht ändern, sich nicht anpassen, sondern sie werden mit wachsender Anzahl immer stärker versuchen, uns zu unterdrücken. Sie wollen die neuen Herren sein. Und die Politik lädt sie mit offenen Armen zu diesem Vorhaben ein. Der türkische Padischah und Kalif Erdowahn wird nicht eher ruhen, bis er die von

Mustafa Kemal Atatürk unter Einsatz aller Kräfte aufgebaute, an modernen Standards orientierte Türkische Republik zerschlagen, und die Unterwerfung des Staates unter die Herrschaft der islamischen Steinzeit-Ideologie bewerkstelligt hat. Von dieser Position der Stärke ausgehend wird er die Massen dirigieren, um vor allem Deutschland zu vereinnahmen. Auf das Angebot, die Türkei in die EU aufzunehmen, kann er pfeifen – er hat es schlicht nicht nötig. Schließlich kann er sich zukünftig auf seine Fußleckerin Merkel verlassen. Diese sitzt schon heute zwischen allen Stühlen; sie kann nicht mehr anders handeln, als sie es derzeit tut.

Die Dekadenz unserer westlichen Gesellschaft lässt grüßen. Teuer werden wir unser Affenverhalten: „Nichts sehen – nichts hören – nichts sagen" bezahlen müssen. Es bleibt uns nur der Ausweg, unsere mühsam errungenen Werte mit aller Kraft aktiv zu verteidigen, zu agieren, nicht zu reagieren. Sonst werden sie uns stückweise um die Ohren geschlagen werden. Der Islam will uns ersticken; er ist das Gegenteil von Freiheit!

TTIP

An den Betroffenen, den Bürgern Europas vorbei versucht das EU-Syndikat bereits seit längerer Zeit mit seinen US-amerikanischen Komplizen ein unentwirrbares, höchst kompliziertes Geflecht von vertraglichen Vereinbarungen und Vorschriften zu installieren, das unseren „Freunden“ in den USA zusätzlich unvorstellbar große Rechte über uns deutsche Besatzungssklaven einräumt. Im Grunde kommt es der totalen Entmündigung gleich. Europa und damit den europäischen Völkern soll ein nicht nur ein geistiges, sondern auch ein rechtliches Gefängnis übergestülpt werden. Das Komplott gegen uns läuft unter dem unverfänglichen Begriff „Freihandelsabkommen“.

Hier ist doch die Frage, wozu braucht man eine mehrere tausend Seiten umfassende schriftliche Vereinbarung, wenn es darum geht Zölle und sonstige einen freien Waren- und Dienstleistungsaustausch behindernde Hemmnisse zu regeln. Die Lösung ist einfach: Weg mit dem ganzen, von Bürokraten erfundenen Unfug. Her mit dem guten alten

Handelsgesetzbuch und seinen praktikablen Regeln.

Nein, es geht darum, unsere Freiheit auch in wirtschaftlicher und finanzieller Hinsicht der Allmacht des Großen Bruders jenseits des Atlantiks zu unterwerfen. Die USA sind auf dem absteigenden Ast. Sie versuchen jetzt mit aller zur Verfügung stehenden Macht einen bröckelnden Zustand zu zementieren, der nicht mehr zu reparieren ist. Die USA, deren Firmen und deren Bevölkerung sind so pleite, wie man nur sein kann. Aber unsere Frau Dr. (hahaha) Merkel in der Rolle der Bundeskanzlerin stellt sich hin, blickt hündisch ergeben zu ihrem pigmentierten Herrn und Meister auf, und grinst nur blöde, als sie von sich gibt, das Abkommen bedeute einen großen Vorteil für uns und müsse auf jeden Fall noch in diesem Jahr unter Dach und Fach gebracht werden. Deutlicher kann sie nicht klar machen, auf wessen Seite sie steht, und von wem sie ihre Befehle erhält.

Der britische Lügenbold David Cameron ist dabei erwischt worden, wie er ein von ihm selbst in Auftrag gegebenes Gutachten zu TTIP, das bereits im Jahre 2013 von der renommierten LSE London School of Economics erstellt worden war, unterdrückt hat. Kein Wunder, dass es ihm nicht gefallen hat. Denn die LSE kommt zu einem vernichtenden Urteil: Kein Nutzen, nur Risiken und Kosten. So also sieht die moderne Politik der europäischen „Führer“ aus. Pfui Teufel! Nur noch Betrüger und Gangster umgeben uns! Aber Onkel Hansi, Tante Gerti und die tattrige Omi wählen dieses Pack immer wieder, wieder, wieder... Oh Herr, lass endlich Hirn regnen! Erleuchte die Dumpfbacken, diejenigen, die ihrer Verantwortung nicht gerecht werden, indem sie ihr Leben und das Leben ihrer Kinder und Enkel solchen Menschen anvertrauen.

Das Beispiel TTIP zeigt doch in aller Deutlichkeit, dass Politikern aller Couleur nicht mal einen Millimeter vor der Zehenspitze getraut werden kann. Zu allen Zeiten haben sie uns belogen, betrogen und ins Unglück gestürzt. Sie gehören aus unserer Gesellschaft ausgestoßen, damit das todkranke System unseres Zusammenlebens wieder gesunden kann. Hört auf, zu glauben, dass wir sie brauchen, dass Politiker not-wendig seien. Im Gegenteil: Sie wenden nicht die Not, sondern erzeugen und verursachen sie!

Den fatalen Glaubenssatz der Berechtigung von Politik dieser Art müssen wir ein für alle Mal aus unserem Kopf tilgen. Erst dann erkennen wir, welcher Schaden von der Politik, den Parteien und der Regierung angerichtet wird. Wie schön und lebenswert könnte das Leben ohne diese massive Beeinträchtigung sein.

Tsunami an Gesetzen, Verordnungen, Vorschriften, Staatlicher Druck, Zwang und Gängelung

Eine gewaltige Flutwelle staatlicher, willkürlicher Maßnahmen ist über uns hereingebrochen, und sie wird täglich größer und höher. Die Politik unter dem Deckmantel des Staates mischt sich auch noch in die letzten Lebensbereiche seiner Bürger ein. Wann wohl wird die Besteuerung unseres Atmens kommen, weil der Staat behauptet, dass die uns umgebende Luft sein Eigentum ist, das wir dreist ohne ihn zu fragen benutzen? Gesetze zur weiteren Gängelung des Bürgers werden von wahnsinnigen, abgedrehten Bürokraten unter tätiger Mithilfe willfähriger, höchstbezahlter externer Rechtsverdreher in Nacht- und Nebelaktionen in der Laberbude Bundestag durchgepeitscht. Daraufhin breiten sich wie bei einem Krebsgeschwür die Metastasen mit den Namen Verordnungen und Vorschriften aus. Dem Bürger sind diese zunächst nicht bekannt und ihm ist deshalb nicht bewusst, welche böse Fallen hier wieder auf ihn lauern, bis er hineingetappt ist. Dann wird ihm wie bei der klassischen Mausefalle das Rückgrat gebrochen. Dies geschieht im Falle des Bürgers durch staatlichen Druck und Zwangsmaßnahmen, sprich ausübende Gewalttätigkeit.

Seit ein merkwürdiges Gebilde namens Europäische Union sich als Überstaat geriert, und die sogenannte Gesetzgebung zentralisiert, ist zudem dem Gesetzes- und Vorschriften-Irrsinn sperrangelweit Tür und Tor geöffnet. Der um seine Existenzsicherung bemühte Bürger ist gar nicht mehr in der Lage, diesen Dschungel zu durchblicken, weshalb er sich lieber süßen Ablenkungen aller Art unter dem Stichwort „Spaß haben" hingibt. Wer hier jedoch nicht aufpasst, gerät in eine weitere, besonders perfide Falle: Den staatlichen, lügnerischen Propagandasprech im Fernsehen, der dazu dient, das Gehirn des Menschen zu indoktrinieren, ihn strikt auf den Willen der Mächtigen hin zu trimmen.

Es werden Gesetze, Verordnungen und Vorschriften erlassen, welche die Gesellschaft spalten und Hass und Streit in der Gesellschaft erzeugen. Es werden absurde Gesetze gemacht, die zutiefst ungerecht sind. Gesetze, die vor allem den normalen Bürger benachteiligen und schädigen. Die Politik nimmt sich unbeschreibliche Frechheiten heraus, dringt in Bereiche ein, in denen sie absolut nichts verloren hat. Die Kernbereiche, auf die sich der Bürger glaubt verlassen zu können, werden hingegen vernachlässigt. Nehmen wir doch nur mal die beiden Bereiche Sicherheit und Verteidigung. Angesichts des überfallartigen Einmarsches der Invasoren in unser Land sieht sich unsere Polizei überfordert, unsere Sicherheit zu gewährleisten. Banden aus dem Nahen Osten durchkämmen unsere Städte auf der Suche nach Beute. Wohnungseinbrüche haben sich vervielfacht. Die Polizei rät, dann eben die Türen und Fenster zu verstärken und möglichst einbruchsicher zu gestalten. Wer sich schon einmal mit diesem Thema beschäftigt hat, weiß, welche Kosten hier schnell entstehen können. Das bedeutet doch, der Bürger soll präventiv vorsorgen. Ja, wozu haben wir denn dann unsere Polizei? Wofür zahlen wir denn entsetzlich hohe Steuern? Damit die Polizei nach einem Einbruch einen Termin mit dem Betroffenen für die kommende Woche macht, um ein Protokoll anzufertigen? Das Problem liegt jedoch darin, dass eine willfährige Politik mit ihrem Judas Justiz nicht bereit und willens ist, dem aus dem Ausland eingesickerten Gesindel mit entsprechender Härte und Konsequenz entgegen zu treten. Denen diese Tour gründlich zu verleiden. Aber nein, da werden die zuständigen Gesetze gebeugt, gebrochen und zu Gunsten der Kriminellen ausgelegt, denn das sind ja alle so arme, traumatisierte Flüchtlinge, denen man alles nachsehen muss. Deutsche hingegen würde man inzwischen gerne dafür bestrafen, dass sie Dreck von der Arbeit unter ihren Fingernägeln haben.

Es ist nicht abwegig, anzunehmen, dass auch weite Teile der Polizei und Justiz die Schnauze voll haben, weil sie missbraucht werden. Sie sehen doch tagtäglich das Unrecht, das sich immer stärker ausbreitet. Die entscheidende Frage hierzu bleibt aber offen: Warum tun Polizei und Justiz nichts gegen diesen Zustand, warum lassen sie sich das gefallen? Warum machen sie weiterhin mit? Sitzen sie lieber mit den Politverbrechern in einem Boot, anstatt mit dem eigenen Volk? Haben sie dem politischen

Gangster-Syndikat die Treue und die Loyalität geschworen, oder dem eigenen Volk, aus dem sie stammen?

Diese Vorwürfe muss sich auch die Führung der Bundeswehr gefallen lassen. Das Bild der Bundeswehr in der Öffentlichkeit ist ein katastrophales. Besteht die gesamte Generalität nur noch aus Kuscheltieren, die par ordre du mufti sich steuern lassen? Sind das nur noch alte, müde Säcke, denen beim Gehen der Kalk aus den Hosenbeinen rieselt? Es hat fast den Anschein. Da lassen sich angebliche Männer, Soldaten!?, von zwei ausgerasteten Weibern herumkommandieren, dass es schon peinlicher nicht mehr geht. Haubitzen-Uschi benimmt sich wie einst der unzurechnungsfähige Zar Peter, der mit seinen Zinnsoldaten Krieg spielte und dabei Hurra und Krach-Bumm schrie. Qua Verordnung erhalten die Soldaten allerdings unumgänglich wichtige Flachbildschirm-Fernseher. Ist unsere Bundeswehr so billig zu kaufen? Warum fordert die Generalität nicht gleich auch eine Spezialpackung Windeln, falls beim Einsatz die Gefahr besteht, dass sich ein Soldat in seine Kampfhose pisst? Und diese Bundeswehr mit einer absolut unfähigen, zivilen Trantüte an der Spitze soll uns im Ernstfall beschützen können? Es ist nicht mal mehr traurig, sondern diese ganze Bande ist eine einzige Lachnummer. Sie sollten sich schämen. Und lasst euch bei nächstbester Gelegenheit verheizen, zu mehr reicht es anscheinend nicht mehr.

In diesem unserem blühenden Lande hat man ein Maasmännchen auf den Stuhl des Justizministers gesetzt. Ein braver Mann, der nicht aufmuckt, sondern im Gegenteil schon bei einem Augenzwinkern von Miss Universum in die Gänge kommt, die Freiheit des Wortes und der Rede niederzuknüppeln, der die Zensur missliebiger Aussagen weiter vorantreibt. Freilich ginge das nicht so ratzfatz in Deutschland, wüsste er nicht eine rot-grüne Schicht Vollstrecker hinter sich und seinen Vorstellungen. So wird zum Beispiel ein zugegebenermaßen grober und sich mit Fäkalwörtern äußernder Autor in vorauseilendem Gehorsam mundtot gemacht. Seine Existenz soll vernichtet werden, weil er mit der Nomenklatura nicht einig geht.

Ein relativ junger Streich unserer Idioten-Bürokratie ist das neue Meldegesetz. Es sieht vor, dass der Vermieter seinem Mieter bei dessen Auszug eine Bescheinigung ausstellen muss, die letzterer bei der Anmeldung seiner neuen Wohnung der Meldestelle vorzulegen hat. Begründung wie immer: So macht man es den garstigen Terroristen und Rechtspopulisten schwer bis unmöglich, sich eine Wohnung zu mieten. Abgesehen davon, dass diese Begründung an Lächerlichkeit kaum zu überbieten ist, handelt es sich hier um einen schwerwiegenden Eingriff in unsere Freiheit. Wenn es in diesem Zusammenhang jedoch um die heißgeliebten Flüchtlinge und die mit ihnen zusammen in unser Land eingesickerten Terroristen geht, so ist das natürlich etwas ganz anderes. Diese Gruppe wird staatlicherseits geschützt, und kann sich hunderttausendfach unerkannt in Deutschland herumtreiben, wie es denen gerade beliebt. „Ich bin Syrer“, diese Aussage genügt völlig, um Haus und Wohnung zu bekommen, ohne blödsinnige Zettel vorweisen zu müssen.

Ein weiteres heimtückisches Puzzlestück ist der auf Befehl der rot-grünen Sozen geförderte und angeordnete Angriff des Staates auf bewährte familiäre Strukturen der deutschen Bevölkerung. Unter dem Deckmantel der Behauptung, für die Familien nützliches gestalten zu wollen, werden sogenannte Kitas, also Kindertagesstätten besonders propagiert und aufwendig gefördert. Ja, vorteilhaft ist es, aber nur für die Wirtschaft, der hiermit weitere Abhängige zugeführt werden. Die Kinder hingegen werden ihren Müttern entzogen und die dringend ganztägig benötigte Zuwendung bleibt auf der Strecke. Aber eben das ist der beabsichtigte Effekt: Kinder sollen dem Staat gehören (die DDR lässt grüßen) und in diesen Kitas von speziell ausgebildeten Betreuerinnen indoktriniert werden. Das bisherige System der Kindergärten kann nicht entsprechend infiltriert werden, so dass es beseitigt werden muss.

Stichwort Indoktrination. Diese führt über die Kitas auf direktem Weg in das gesamte Bildungssystem. Schon im Alter von vier Jahren sollen unsere Kinder nach dem Willen des den Parteien gehörenden Staates dem Genderwahn zugeführt werden. Eine natürliche Entwicklung des Kindes, die ihm auch die erforderliche Zeit lässt, sich selbst zu erfahren, ist nicht mehr erwünscht; vielmehr soll es in die von Geisteskranken ausgedachte Schablone gepresst werden. Dann wird aus einem ursprünglich frei geborenen

Menschen ein brauchbarer Zombie für Politik und Wirtschaft, der sich nach Belieben manipulativ steuern lässt, um die Wünsche der Machthaber zu erfüllen. Dazu passen dann auch einschränkende Gesetze, Verordnungen, Vorschriften und vieles mehr: Wieder stirbt ein Stück Freiheit.

Bankster, Finanzen, Immobilien, Geld

Rolf Hochhuth, weiser alter Mann und scharfer Kritiker der Politik, die er auffordert, sich moralisch zu erneuern, hat die richtige Antwort, wenn es darum geht, die BRD und die Finanzmafia zu beschreiben:

Die BRD ist ein ekelhaftes Staatsgebilde.
Ihre wahre Übersetzung heißt
„Banker- und Banausen-Republik Deutschland".

Damit ist eigentlich alles gesagt. Hochhuth hat es auf den Punkt gebracht. Nichtsdestotrotz möchte ich einige Ausführungen hinzufügen, die sich gezielt auf Details beziehen.

Es ist ja nicht so, dass sich nicht zu allen Zeiten eine Finanz- und Geldmafia herausgebildet hätte, die nichts Eiligeres zu tun hatte, als sich mit den Mächtigen des Staates, des Adels, der Kirche, den Großgrundbesitzern und vor allem den Großindustrielle zu verbünden. Diese Clique erfand immer feinere Instrumente zur Ausplünderung der den Wohlstand erschaffenden Arbeiter, die auch als der kleine Mann bezeichnet werden. Was diese Koterie allerdings in den vergangenen Jahrzehnten an krimineller Energie angesammelt hat, spottet jeder Beschreibung. Es ist ihr gelungen, die Bürger und ganze Volkswirtschaften wie eine Giftspinne mit ihrem Netz zu überziehen, und sie im Grunde bewegungslos gefangen zu halten. Das Instrument hierzu wurde und wird exzessiv gehandhabt: Das Schuldverhältnis. Der Schuldner, egal ob es ein Staat, eine Firma oder der einzelne Bürger ist, ist auf Gedeih und Verderb dem Gläubiger ausgeliefert, dem fein auf seine Bedürfnisse abgestimmten Gesetze zur Verfügung gestellt wurden. Sofern der Schuldner nicht entsprechendes Vermögen hat, mit dem er sich im Fall des Falles aus der misslichen Situation befreien kann, beginnt das Schlachtfest. Doch wer gibt schon gerne mühsam erworbenen Besitz her? Wir sehen es am Beispiel von Griechenland, das gezwungen wird, nationale, und damit dem Volk gehörende Werte, an die Finanzvampire regelrecht zu verschleudern; deren Blutdurst auf Geld ist unendlich. So macht man das, wenn man an gigantische Vermögen heran will. Erst den Schuldner in den Hinterhalt locken, um ihn anschließend, wenn er nicht mehr ein noch aus weiß, zu schlachten. Ein beliebtes Spiel der Banken mit ihren Kunden. Lediglich der sogenannte Staat hat die Möglichkeit, seine Schulden auf das Volk umzuwälzen. Kommt es hart auf hart, so werden eben die Kontoguthaben, Wertpapiere, Immobilienwerte und so weiter mit den Schulden aufgerechnet. Aus diesem Grund hat der Staat auch dafür gesorgt, dass die Bankbranche unverrückbar fest mit im goldenen Boot sitzt. Die Banken haben aufgrund eines dichten Netzes von gesetzlichen Vorschriften keine Möglichkeit mehr, sich diesem Betrug zu entziehen. Sie wollen es auch nicht. Viel zu verlockend ist die Chance des Ausübens von Macht über das Geld der Kunden. Der Staat und die Banken sind inzwischen fest verbündete Komplizen. Deshalb lässt der Staat es auch zu, dass die gesamte Bank- und Finanzbranche nach wie vor ihre Sauereien zu Lasten der Bürger betreiben kann.

Wie blauäugig Opa Egon an das Thema Geld herangeht, das sieht man schon daran, dass er einer beliebigen Bank oder Sparkasse seine Ersparnisse anvertraut, ohne sich darüber im Klaren zu sein, dass sein Geld nach Übergabe am Banktresen futsch ist: Er hat ab diesem Zeitpunkt lediglich eine Forderung gegen dieses sogenannte „Institut". Dann soll er mal, wenn es darauf ankommt, „sein" Geld zurück fordern. Die Bankster werden ihm höhnisch in sein von Arbeit zerfurchtes Gesicht lachen oder womöglich auch spucken.

Die Politmafia hat sich zudem einen genialen Schachzug einfallen lassen, der da EZB heißt, also Europäische Zentralbank. Ausgestattet mit dem Prädikat der Unabhängigkeit. Und diese Unabhängigkeit nutzt die EZB weidlich aus, indem sie sich mit ihrer asozialen Geldpolitik über die ihr ursprünglich zugestandenen Rechte hinweg setzt.

Zwei ganz besonders bösartige Strategien fährt die EZB derzeit, und es ist offensichtlich, dass dies mit Billigung und sogar im Auftrag der Regierungsclique geschieht. Zum ersten betrifft das die Negativzinsen, mit denen nun auch Guthaben belegt werden sollen. Negativ-Zinsen sind nichts anderes als Diebstahl. Der Diebstahl dient dazu, den unbotmäßigen Bürgern die Lust am

Bargeld und dessen Horten zu verleiden. Um dieses Ziel möglichst zügig zu erreichen, wird zur Einführung die Abschaffung des Fünfhundert-Euro-Scheins betrieben. Ist dieser Plan gelungen, so geht es mit großen Schritten zur Abschaffung der anderen Geldscheine. Am Ende steht die Vernichtung sämtlichen Bargelds. Und damit ist eine der entscheidenden Säulen der Freiheit umgebracht. Wann, verflucht noch mal, wachen die Bürger endlich auf, und verteidigen mit Zähnen und Klauen ihr Geld?

Wie frech manche Sparkassen inzwischen argumentieren, wenn es darum geht, den Kunden abzukochen, soll noch am Beispiel einer Stadtsparkasse aufgezeigt werden. Diese Stadtsparkasse stellt die Girokonten auf ein Dreier-System um. Und erhöht natürlich deren Kosten. Die Umstellung wird begründet mit einer Anpassung an die Bedürfnisse der Kunden. Ist es das Bedürfnis der Kunden, mehr zu zahlen? Totale Verarsche nennt man das gemeinhin. Jedoch ist die Stadtsparkasse im nach hinein wenigstens so ehrlich, dass sie schriftlich darauf hinweist: Aktionstage – Vorsicht Trickbetrug – bei der Stadtsparkasse xyz.

Ihr Politiker und ihr Plünderer aus der Finanzbranche merkt euch eins:

Ihr steht unter Generalverdacht, das Wohl und Wehe des Volkes vorsätzlich zu missachten, und ausschließlich eure Interessen zu dessen Nachteil zu vertreten.

Wir werden erbitterten Widerstand leisten, und die damit einhergehende versuchte Vernichtung unserer Freiheit verhindern!

Die Hitler kommen und gehen, das deutsche Volk aber bleibt bestehen.

Josef Vissarionovič Stalin

Anhang: Veröffentlichte Artikel

- **Warum tun wir das unseren Kindern an oder Die Verbrechen der Angela M.**
- **Geisterbahn, deutsches Liedgut zum Fasching**
- **Gleichgewicht**
- **Der wirre Spinnbruder**
- **Einladung**
- **Der Brücken-Infarkt**
- **Ist Merkelland abgebrannt?**
- **Import-Weltmeister**
- **Von der Wut hin zum Hass**
- **Zivilisationsprojekt Europa**

- **Leben und Tod**
- **Die Brandstifterin**

FRANK NEULAND

Warum tun wir das unseren Kindern an? oder Die Verbrechen der Angela M.

Also, ehrlich gesagt, verstehe ich selbst nicht, wie ich dazu komme, hier solche Töne anzuschlagen. Es ist doch alles paletti. Wir alle leben Friede, Freude, Eierkuchen. Für uns wird gesorgt in allen menschlichen Belangen. Nicht nur, was das Körperliche angeht, nein, vor allem sorgt sich unser Staat doch überaus liebevoll und fürsorglich um unser psychisches Wohl. Er hält sorgsam den von ihm verursachten und gesteuerten Unrat von uns fern, indem er böse Bürger nicht nur von der Mainstreampresse verteufeln lässt. Und ein böser Bürger ist derjenige, der es trotzdem wagt, hinzuschauen, selbstständig zu denken und seine Schlüsse aus dem Erlebten zu ziehen. Hierzu eine kleine gedankliche Abschweifung: Es ist noch gar nicht so lange her, dass der Staat unbotmäßigen Bürgern ein Kainsmal in Form eines gelben Symbols auferlegte.

Kommen wir nun zum eigentlichen Thema. Nämlich den Folgen aus dem verbrecherischen politischen Handeln und den diesem Tun vorausgegangenen Reden. Um was geht es insbesondere? Es geht um die neoliberale Globalisierung, es geht um den ungeheuren Schuldenberg und es geht in jüngster Zeit um den Austausch der einheimischen Bevölkerung.

Fangen wir beim zuletzt genannten Thema an. Über Jahrhunderte entwickelten sich die in Deutschland ansässigen Stämme durch Arbeit, Anstrengung und Fleiß zu einer Gesellschaft, die nicht nur Materielles schuf, sondern in sich einen bewundernswerten Geist implementierten. Großartige kulturelle Entwicklungen in Sprache, Musik und den Ingenieurswissenschaften waren die Folge. Sie brachten uns Wohlstand und Glück. Sie brachten uns grundsätzlich auf eine höhere Stufe des Bewusstseins und des Intellekts. Diese Entwicklung vollzog sich jedoch nicht überall auf der Erde. Viele Völker entwickelten sich nur quälend langsam. Sogenannte

Religionen und Ideologien taten und tun ihr Übriges. Wenn ich mir ansehe, welche Menschen inzwischen nach Deutschland strömen, dann bekomme ich ein äußerst mulmiges Gefühl, was speziell die Zukunft unserer Kinder und Frauen anbelangt. Den Beweis für die Richtigkeit dieser Befürchtungen treten diese illegal in unser Land eingedrungenen Herrschaften tagtäglich an. Ich habe es bereits jetzt gründlich satt, mich überhaupt mit der von den sogenannten allein reisenden Männern im Alter bis etwa 35 Jahren gezeigten Aggressivität auseinander zu setzen, die ihren Verstand oftmals in der Hose tragen. Wie komme ich denn dazu, mir und meinen Lieben vom Todesengel Angela solch ein Leben aufoktroyieren zu lassen. Ich sage es in aller Deutlichkeit: Menschen, die dem Islam anhängen, gehören nicht zu Deutschland. Wird dieser Weg dem deutschen Volk trotzdem aufgezwungen, so führt er im schlimmsten Fall in die generelle Fremdenfeindlichkeit. Wenn es so weiter geht wie bisher, dann können unsere Frauen und Töchter nicht mehr alleine und schon gar nicht abends oder nachts ausgehen. Denn eins ist klar: der überwiegende Teil der Migranten aus muslimischen Ländern wird sein Verhalten nicht ändern, weil sie es nicht ändern können und wollen. Bei entschiedenem Gegenwind aus der angestammten Bevölkerung werden sie deshalb nur vorsichtiger und verschlagener agieren. Ich weiß aus eigener Erfahrung, wovon ich rede.

Ich komme zu den aufgehäuften weltweiten Schulden. Die niemals mehr getilgt werden können. Es sei denn, Oma und Opa und alle anderen Menschen, die Geld gespart haben, die Vermögen mit ihrer Hände Arbeit geschaffen haben, werden beraubt. Von der hochwohllöblichen Regierung. Die vergiftete Suppe werden unsere Kinder auslöffeln. Sie werden uns fragen, was sie denn verbrochen haben, dass wir sie so furchtbar bestrafen. Dass immer mehr von ihnen in Armut leben müssen. Dass ihre Chancen auf sozialen Aufstieg vertan sind. Dass sie in eine zerbrochene Welt hineinwachsen. Und obwohl sich die Schlinge um unsere aller Hälse bereits gefährlich zugezogen hat, das Blutbad bereits begonnen hat, wird weiter gefeiert, als gäbe es kein Morgen, keinen Tag der Abrechnung. Immer neue, hochkriminelle Modelle der Täuschung werden entwickelt. Immer schamloser bedienen sich die Systemkraken am Geld und Vermögen der Bürger. Verspielen unsere Zukunft. Denn für sich selbst haben sie natürlich vorgesorgt.

Die Globalisierung ist nicht einfach vom Himmel gefallen. Sie ist von Menschen erfunden worden, die sich davon ungeheuren Reichtum versprechen. Deren Geist verrückt geworden ist. Sie sehen im normalen Menschen nur eine Figur, mit der sie nach Belieben spielen oder diese vernichten können. Die Globalisierung, man kann sie auch sozialistische Gleichmacherei nennen, verspricht ihren Anhängern Geld und Macht. Göttergleiche Macht. Na, das ist doch was. Dafür wird jede Regierung korrupt, wird sich doch keinesfalls dagegen stemmen, sondern vielmehr ihr Wahlvieh nach Belieben züchtigen, wenn es sich nicht systemkonform verhält. Deutschland hat reiche Erfahrung damit, was geschieht, wenn sich ein Volk nicht beizeiten auf die Hinterbeine stellt, und entschieden dagegen einen Damm errichtet.

Seit zehn Jahren lassen wir es zu, dass diese Person mit dem Namen Angela M. angetreten ist, Deutschland und seine Kultur zu zerstören.

Geisterbahn, deutsches Liedgut zum Fasching

„Ja, ja, wir fahrn, fahrn, fahrn,
so gerne mit der Geisterbahn…“

Zunächst: Liebe Österreicher! Ich will euch nicht bevormunden. Ihr wisst selbst, was ihr von euren Politgrößen zu halten habt. Deshalb beziehe ich mich in meinem Artikel auf Deutschlands Politfossile, von denen wir in diesen unseren blühenden Landschaften der verbrecherischen Auswüchse und des bösartigen politischen Unfugs mehr als genug haben.

Betrachten wir mal die übelsten dieser Spezies und listen sie auf. An der Spitze steht unangefochten und mit weitem Abstand Mutti Merkel, die Allherrliche, für die das deutsche Volk, und sogar die leibeigenen Mitglieder ihrer ReGIERung nur nützliche Idioten sind. Nützlich das Volk betreffend bedeutet, sie kann es ausbeuten, um die Früchte seiner Arbeit bringen. Zehn Jahre lecken an der Macht ist für sie im Ergebnis so, wie kiloweiser Zuckerkonsum durch einen Diabetiker. Ja, und nun hat Mutti Diabetes im Endstadium – in ihrem Gehirn. Dieses fordert deshalb immer größere Machtdosen an. So kam es zu einem Machtrausch ohnegleichen, als sie ihre Einladung an die Mühsamen und Beladenen dieser Welt aussprach: Oh, kommet zu uns reichen, wohlgemästeten Deutschen. Hier fließen Milch und Honig. Und dann strömten sie herbei. Und verachteten uns von Anfang an für unser Gutmenschentum, ganz zu schweigen von vielen gezeigten kriminellen Auswüchsen. Doch Mutti strahlte vor Glückseligkeit. Zumindest diese Menschen huldigten ihr, zweifelten nicht an ihrer Gottähnlichkeit. Zum Dank ließ sie sich sogar körperlich berühren und posierte für gemeinsame Selfies, was den Berührern vermutlich Schauer der Ehrfurcht den Rücken hinauf und hinunter jagte. Das veranlasste die Berührer, die Selfies weltweit zu versenden, was Mutti den Nicknamen „Jesusine“ eintrug.

Weiter geht's mit Wolfgang „Rolli" Schäuble, der sich in letzter Zeit verdächtig ruhig verhält. Das musste etwas mit Geld zu tun haben. Und prompt kommt die Nachricht von der geplanten Beschränkung, nur noch bis zur Höhe von fünftausend Euro bar bezahlen zu dürfen. Welch ein verbrecherisches Bubenstück erster Güte! Nächste Haltestelle ist dann der Chip, implantiert in jeden Menschen (Politiker und Oberschicht bleiben natürlich außen vor), und wir sind rechtlose, dumme Ameisen, mit denen man nach Belieben alles machen kann. Übrigens: Es geht das Gerücht um, dass S. inzwischen Milliardär sein soll. Und mit dem Gott der Christen, aber seit geraumer Zeit auch mit dem Gott der Moslems (man weiß ja nie... - außerdem ist es besser, noch einen Trumpf im Ärmel zu haben) in intensiven Verhandlungen über den Kauf des ewigen Lebens für sich stehen soll. Dadurch könnte er sicherstellen, irgendwann doch noch Bundeskanzler der islamisch-totalitären, bunten (schwarz für die Frauen, weiß für die Männer) Republik Deutschistan zu werden.

Es folgt Seehofers Horsti. Er leidet. Warum? Weil ihn keiner nicht ernst nimmt (die doppelte Verneinung ist eine urbayerische sprachliche Eigenheit, die nur von eingeborenen Bayern benutzt werden darf). Auch der schlaue Zar Wladimir Wladimirowitsch trickst ihn aus. Er leidet vor allem an der frechen Mutti Merkel und am Jungbullen Markus Söder („Horch, der Franke"), der ihn partout schon seit langem politisch beerben möchte, so dass ihn letzthin in Kreuth fast ein Schlagerl getroffen hätte. Zum Glück war es dann nur der blöde Kreislauf, der schlapp gemacht hatte. Ja, Seehofers Horsti, auf Dauer reicht es halt nicht, immer nur des eigenen Machterhalts wegen zu taktieren was das Zeug hält und Warmblasen abzusondern. Jetzt, wo mehrere Millionen Bereicherer in den Startlöchern stehen, geht ihm wahrscheinlich der A.... auf Grundeis. Tschau, Horsti!

Ach, Thomas die Misere. Du graues Mäuschen. Du tust mir fast schon leid. Geh doch endlich in Rente, lass dich nicht mehr als Müllschlucker missbrauchen. Und überwache deine eventuell vorhandene Familie, wenn du das unbedingt brauchst, um dein Selbstwertgefühl über Wasser zu halten.

Eine ganz taffe Person ist die Uschi von den Laien. Ein böser Mensch hat sie mal den

Uterus der Nation genannt. Pfui! Ich distanziere mich von dieser Aussage. Nun, gelernt hat sie Ärztin. Wie war das noch mit dem hippokratischen Eid? Hat das was mit dem Hippopotamus amphibius zu tun. Nein. Vielmehr ist es das Gelöbnis, sein Leben in den Dienst der Menschlichkeit zu stellen. Ja, wie verträgt sich das denn mit der Tatsache, dass sie übergelaufen ist zu den kriegslüsternen Henkern? Gar nicht. Aber darum geht es ihr auch nicht. Es geht darum, dass sie nach eigenem Eingeständnis einfach keine Lust mehr hatte, Kranke und deren Leid jeden Tag konsumieren zu müssen. Es ist doch ein viel schöneres Leben, Soldaten, das sind Schachfiguren in Uniform, hin- und herschieben zu können. Und kein Mensch regt sich über tödliche Ausfälle auf. Hurra!

Betrachten wir nun die Gruppe der keifenden, geifernden weiblichen Zecken: Sigi, genannt die Kugel, hält sich für die Vizekanzlerin. Kreischt wie eine alte Vettel. Mehr ist nicht vorhanden. Da ist Claudia, unser bestes Roth-Ross im Politstall, schon von anderem Kaliber. Soll sich mit Vorliebe im vorwiegend muslimisch geprägten Multi-Kulti-Mist suhlen. Das Quartett vervollständigen die tranig aussehende, des ständigen Kampfes gegen die Uneinsichtigen müde gewordene Katrin Göring-Eckhardt und das Mannweib Simone oder Peter. Allen vieren gemeinsam ist die unverschämte Lust am Ernten dort, wo sie nicht gesät haben. Des blöden Bürgers Geldbeutel zu erleichtern, um selbst nicht arbeiten und fleißig sein zu müssen.

Es gäbe schon noch einige Figuren, auf die ich eingehen könnte. Doch ich will den Leser nicht langweilen. Ab hier würde sich nämlich der Text wiederholen. Es wird allerhöchste Zeit, dieses verkommene Personal aus allen öffentlichen Ämtern zu entfernen. Sie können sich ja bei der Geisterbahn auf dem Münchner Oktoberfest bewerben. Aber würde sie dessen Betreiber akzeptieren?

Gleichgewicht

Gelegentlich schaue ich auf die Onlineseite der Süddeutschen Zeitung, um mich an deren Ejakulationen zu erfreuen. Seit die Chefredaktion in ihrem Turm an der Hultschiner Straße in München-Berg am Laim residiert, fällt insbesondere einer der beiden Chefredakteure mit seinen überheblichen Beiträgen negativ auf.

So auch jetzt wieder, als er schreibt: „Deutschland hat schon schwierigere Situationen –Wiederaufbau, Demokratisierung (hört, hört), Vereinigung- gemeistert als die sicher schwierige Flüchtlingskrise."

Aha! Kein Wort davon, ob die illegalen Eindringlinge erwünscht sind oder nicht. Ob deren in ihren Genen verwurzelte Steinzeitkultur, insbesondere was Muslime und Schwarzafrikaner angeht, überhaupt zu uns passt. Wo die vielen Milliarden Euro herkommen sollen, um deren Vorstellungen von einem üppigen Leben im Lande der heiligen Angela zu finanzieren. Ja, ja, das sind Details, die berühren doch den Spiritus Rector der Ignoranten nicht. Außerdem: Wir schaffen das! Nur mit anderen Worten ausgedrückt. Nennt man so ein Verhalten nicht arschkriecherisch?

Den Bereicherer möchte ich sehen, der die nach dem Krieg vorrangig von unseren deutschen Frauen geleistete Wiederaufbauarbeit nachmacht. Und bei der Wiedervereinigung ging es um rein deutsche Interessen. Das ist für mich ein grundlegender Unterschied. Aber da heult der menschenfreundliche Redakteur auf und tönt: Alle, die uns hier in unserem Land überfallartig „besuchen“, haben Menschenrechte! Alles klar. Die haben die Rechte und wir einheimischen Bürger haben die Pflichten. Bravo! Also, ihr Neonazis, haltet eure Fresse und gehorcht. Nicht nur das Merkel, nein auch der Herr Chefredakteur weiß, was gut und richtig für euch ist.

Wie komme ich überhaupt dazu, mich in MEINEM Land einschränken zu müssen, über meine verschwindende Sicherheit nachdenken zu müssen. Mir zu überlegen, ob ich nachts noch ohne Bewaffnung und/oder einem Rudel Kampfhunde rausgehen darf. Aggressiven „Flüchtlingen“ immer und überall aus dem Weg gehen zu müssen. Es tunlichst vermeiden muss, belästigten und angegrabschten Frauen und Kindern beizustehen, weil ich mir dann womöglich einen Messerstich einfange, der mich zum Krüppel macht. Da war die Vereinigung der beiden deutschen Länder ein Pappenstiel. Kein Bürger von drüben hat mich je angestänkert; umarmt haben sie mich.

Nein, Sie ignoranter Wegschauer und Vertuscher bei der SZ. Es ist eine bodenlose Frechheit, die deutsche Wiedervereinigung mit der Flüchtlingskatastrophe in einen Topf zu werfen. Und das bisschen Demokratie in Deutschland verwandeln Sie und Ihresgleichen seit Jahren in Scheiße.

Die Politik und die von ihr abhängigen Mainstreammedien zerstören das Gleichgewicht in der Gesellschaft. Die Politik, indem sie der Gesellschaft absurde Entscheidungen aufoktroyiert, und die Medien, indem sie diesen ganzen verbrecherischen Unfug für gut und richtig halten und dies den

Bürgern entsprechend zu verkaufen versuchen. Überall dort, wo ein gestörtes Gleichgewicht vorliegt, kommt es zu teils brutalen Verwerfungen. Dies sehen wir ebenfalls bei unserem Fiat-Money-System. Menschen, die dieses kaputte System ablehnen und sich an solide Werte halten, werden verhöhnt. Aber dieses dumme Spiel lässt sich nicht auf Dauer spielen.

Übrigens: Der Papst bezeichnet Europa als „ausgezehrt“ und als „Großmutter, die nicht mehr fruchtbar und dynamisch sei“. Ja, ist das denn ein Wunder, bei solch kaputten Leuten an der Spitze vor allem der deutschen Regierung?

Das innere und das äußere Gleichgewicht unseres Planeten und aller darauf lebenden Menschen ist zutiefst gestört und beschädigt. Die Quittung folgt bald.

Der wirre Spinnbruder

Ich könnte es jetzt mit dem überragenden Schriftsteller Friedrich Dürrenmatt und seiner Figur des Bildhauers Mock im Roman JUSTIZ halten, und Seehofers „Der Harte" Horsti, bayerischer Oberpräsident aller bayerischen Minister, und davon gibt es eine ganze Menge, als wirren Spinnbruder bezeichnen. Mache ich aber nicht, denn das würde dem bayerischen zahnlosen Löwen nicht gerecht. Nur zur Ergänzung: Falsche Zähne hat ihm bereits die Republik spendiert, jedoch sind ihm diese bereits vor längerer Zeit beim Essen einer Berliner CurrywurstSpezialität anlässlich eines kürzlich bei Kultimutti erfolgten Ergebenheitsbesuchs rausgefallen. Kultimutti hat sie gefunden und daraufhin in ihrem Mülleimer versteckt.

Was ist denn nun der Anlass für meine Aufregung? Ganz einfach. Da hat doch der bayerische Löwe Horsti wieder einmal sein Maul gar mächtig aufgerissen, und weithin hörbar seiner Chefin, Angela die Heilige, und der von ihr an der kurzen Leine geführten ReGIERung vorgeworfen, in der BRD einen Unrechtsstaat errichtet zu haben. Dummerweise haben alle gesehen, dass dem Löwen die Zähne fehlen und er deshalb zwar Klamauk machen kann, es jedoch daran mangelt, letztlich mal ordentlich zuzubeißen.

Ja, was denn nun? Ich begreife es nicht (wahrscheinlich, weil ich nicht an der genderdurchseuchten Humboldt-Uni Berlin studiert habe). Da sitzen doch tatsächlich drei Untergebene von S.H. (Achtung: Die Abkürzung heißt nicht Seine Hoheit, auch wenn er so schrecklich gerne König aller Bayern wäre!) im sogenannten Bundeskabinett, und die haben auch nicht ansatzweise verhindert, dass die wundervolle BRD ins Unrecht abgedriftet ist, woran unter diesen Umständen ganz klar er und seine CSU sich mitschuldig gemacht hätten. Handelt es sich hier um Verhältnisblödsinn (Wortschöpfung Dürrenmatt)? Hält er sich tatsächlich für einen Löwen, also eine große Katze, und die anderen für Mäuslein? Dann ist er anscheinend übersteigertem Größenwahn verfallen.

Daraufhin bedachte ich die Reaktion der „Schwester“(hahaha)- Partei CDU. Würde die sich diese Beschuldigung gefallen lassen? Wohl kaum – es sei denn...

Es sei denn, das Ganze wäre ein abgekartetes Spiel. Vorgeführt auf der politischen Manipulationsbühne. Ein Schauspiel mit dem Titel „Volksverarsche zum x-ten Mal“. Hat das etwa mit den am 13. März 2016 anstehenden Wahlen in den bundesdeutschen Ländern BadenWürtttemberg, Rheinland-Pfalz und Sachsen-Anhalt zu tun? Wahrscheinlich. Der fürchterlich angsterzeugende bayerische Löwe lässt also das gaffende und staunende Volk wissen, dass er die böse Kultimutti mitsamt ihrer unfähigen Bundesregierung (ausgenommen siehe oben seine drei bayerischen Hamperer) wegen der zahlreich in unser Land eingedrungenen Asylforderer vor dem regierungsabhängigen höchsten deutschen Gericht verklagen wird. Aber erst nach geschlagener Wahlschlacht. Denn ab diesem Zeitpunkt kann die Politelite das tun, was sie immer tut: Nix mehr wissen. Das sollen wir gesagt, versprochen, etc., haben? Wähler, du bist ein unverbesserlicher Träumer. Denkst dir da Sachen aus, tztztz... Zudem würde eine

Klage erst ab Herbst 2016 greifen. Ja, und bis dahin...

Man muss schon ein altes, an Hinterfotzigkeit und Scheinheiligkeit nicht zu übertreffendes politisches Schlachtross sein, dem das Liegen in fremden Betten, äh... Ställen, abartigen Genuss bereitet, hier bei der Mutter aller Verfemten und Verfolgten, um damit seinem persönlichen Machterhalt immer am nächsten zu sein. Amen!

Einladung

Hiermit ergeht an den Liebling all derjenigen, welche in ihrer angestammten Heimat unzufrieden sind, weil sie dort nicht für Wohlstand und Frieden sorgen wollen, die Einladung, kurzfristig in den Libanon zu kommen, um dort den Krieg weiter auszubauen, und am Leben zu erhalten.

Als in diesen Tagen der Liebling dieser Massen, Angela Merkel, in einer lächerlichen Talkshow wieder einmal ihre ursprüngliche Heimat mit den Worten in den Dreck zog: Das ist nicht mein Europa!" zeigte sie ganz offen ihre Abneigung, um nicht zu sagen ihren Hass, gegen alle europäischen Menschen, die nicht ihrer Meinung sind. Merkel, das ist auch nicht DEIN Europa. Es ist unser aller Europa. Und vorsätzlich sprichst du von Europa, meinst aber die Europäische Union. Das sind zwei paar Stiefel. Aber ihr Sozen wollt eben alles gleich- und niedermachen, bis es euch in den Kram passt.

Wie damals der Adolf handelt ihr, wohingegen dieser aber wenigstens National-Sozialist sein wollte.

Nun, der Strom der Scharia-Invasoren schwillt immer mächtiger an. Merkel, du könntest dich nun einer neuen Aufgabe widmen. Diese lautet auf Befehl deines US-amerikanischen Herrn und Meisters die Menschen im Libanon zur Flucht anzuhalten. Die blöden Stammdeutschen werden auch diese mit Luxus empfangen und heilig sprechen. Auch wenn bei dieser erneuten Fluchtbewegung wieder ein paar tausend Menschen auf der Strecke bleiben – Kollateralschaden. Diesen Begriff kennt inzwischen jedes Kind. Dummerweise wehrt sich in Europa seit einiger Zeit eine größer werdende Anzahl von Staaten gegen deine Zumutungen. Und das mit Recht.

Merkel wird meine Einladung jedoch nicht annehmen, weil das mit enormer Arbeit und damit Zeitaufwand verbunden wäre. Diese Zeit hat sie jedoch nicht mehr, weil sie sich auf ihre eigene Flucht vorbereiten muss. Denn sie und ihre Regierungsclique werden mehr und mehr zu einer nicht mehr hinnehmbaren Belastung für das Volk und die Gesellschaft.

Ich habe als Mitglied dieses Volks und dieser Gesellschaft ein grundsätzliches Recht, mein Leben nicht permanent beeinträchtigen und in die Katastrophe führen zu lassen. Durch ein rücksichtsloses Regime, das sich Regierung nennt, an deren Spitze ein Mensch steht, der rechthaberisch, bockig wie ein kleines Kind und absolut skrupellos im Verfolgen egoistischer und krimineller Maßnahmen ist. Dieser Mensch namens Merkel ist inzwischen zum Synonym für Erzfeind geworden.

Merkel, hau ab und nimm deinen Bruder im Geiste Horst Seehofer gleich mit!

Der Brücken-Infarkt

Da schreibt doch SPON am 6. März d.J. über ein Interview mit der mächtigsten Frau der Welt mit dem Titel: „Merkel will schwarze Null verteidigen.“

Und heute, nur einen Tag später, erscheint auf SPON folgender Artikel: „Marode Fernstraßen: Hier zerbröseln Deutschlands Brücken.“

Was hat das miteinander zu tun? Ich werde es nachstehend erläutern.

Merkwürdig, wie hat sie das mit der schwarzen Null wohl gemeint? Nun, schiebt sie im Interview nach, dies würde sich auf die Sorge der Bürger wegen der Mehrausgaben für die illegalen Migranten beziehen, was natürlich unbegründet sei. Aha, ich dachte schon, dass sich diese Aussage auf ihre Person bezieht, auch weil sie sich schwarz gekleidet hatte. Nehmen wir mal an, es geht ihr tatsächlich um den deutschen Bundeshaushalt. Warum will sie diesen verteidigen, wenn doch alles paletti ist. Ist es eben nicht, sondern das finanzielle Gerüst dieser unserer so hochgelobten Republik ist am Einstürzen. Und den Todesstoß gibt ihm die Migranteninvasion. Jetzt, wo er in wenigen Tagen in Pension geht, lässt der Herr Professor Sinn, das ist der, der früher ob seiner Äußerungen oftmals als Professor Unsinn gescholten wurde, die Katze aus dem Sack: Jeder Illegale aus dem Morgenland kostet Deutschland rund 450.000 Euro, zu bezahlen von den vertrottelten deutschen Steuerzahlern. Wieviel das in Summe nur bis zum Jahr 2020 ausmacht, kann sich jeder selbst ausrechnen.

Das politisch geförderte Eindringen dieser Menschen aus so total gegensätzlicher Kultur und Mentalität führt unweigerlich zu steigender Kriminalität und Gewalt, und wenn es ganz böse kommt, zum Bürgerkrieg. Islamisch geprägte Lebensform ist niemals kompatibel mit unserer aufgeklärten Lebensweise, die wir uns in Europa in Hunderten von Jahren mühsam erstritten haben. Wir haben es hauptsächlich mit Menschen ohne berufliche Qualifikation (es sei denn als Bezirksbefruchter), und ohne jene Fähigkeiten zu tun, die für die Weiterentwicklung unserer Gesellschaft nötig sind. Viele der illegalen Grenzübertreter zeigen sich zudem undankbar. Sie fordern mehr und mehr. Mit welchem Recht denn, verdammt noch mal?

Ja, auf Befehl der US-amerikanischen Killerregierung heißt es nur: The Show Must Go On! Statt diese Show zu verweigern und als angeblich mächtigste, menschenfreundlichste Politikerin auf die Pauke zu hauen, macht sie das bitterböse Spiel mit. Warum schreit sie ihr angebliches Mitleid für die geplagten Menschen in Nahost nicht in die Welt hinaus? Warum haut sie, die Mächtige, den Verursachern dieses Leids nicht deren Heuchelei und Verlogenheit um die Ohren? Dumme Frage. Weil sie auf deren Seite steht. Außerdem hat sie dafür keine Zeit und keine Lust. Wichtiger ist ihr ein Mauscheltermin (nach dem Muster Böser Horsti – Guter Engel) mit ihrem Busenfreund Seehofer, bei dem die beiden sich mit gehobener Hausmannskost vollfressen. Glaube ja keiner, Merkel und Seehofer wären Gegner, nein, beiden geht vielmehr der Machterhalt über alles, darüber besteht unverbrüchliche Einigkeit.

Befindet sich diese Person ebenso wie der Grüne Volker Beck im Drogenrausch? Das könnte durchaus der Fall sein, jedoch ist wohl das echte Motiv Deutschland zu schaden, wo und wie es nur geht, damit die endgültige Zerschlagung vorgenommen werden kann. Um die Menschen in willfähriges Arbeits-, Stimm- und Konsumentenvieh unter dem Diktat der EU-Wahnsinnigen endgültig umzuwandeln.

Die maroden Brücken in Deutschland und der politische Unwille zur Sanierung haben für mich Symbolcharakter. Durch den Ansturm der Illegalen mit einem hohen Anteil Krimineller hat die deutsche Gesellschaft einen Infarkt erlitten. Ich nenne ihn den Brückeninfarkt. Die Brücke zwischen Gesellschaft und Politik hat einen Infarkt erlitten. Eine Sanierung ist nicht gewollt; sie wird regierungsseitig ausgeschlossen. Es wird sogar verschärft dafür gesorgt, dass die Gesellschaft möglichst schnell einem derart massiven Schlaganfall zugeführt wird, dass sie im Rollstuhl sitzen muss: Die Politik kann dann treiben, was immer sie will.

Neuestes Beispiel für dieses perfide Spiel ist der „Gipfel“ in Brüssel. Der Berg kreißte und gebar, wie eigentlich nicht anders zu erwarten war, ein Mäuslein. Scheinheilig wurde zu Beginn die Parole verbreitet, dass die Botschaft „Balkanroute geschlossen!“ in die Welt gesendet werden würde. Doch was ist das Ergebnis? Das Gegenteil ist eingetreten. Es heißt nun lediglich, irreguläre Migrantenströme entlang der Balkanroute müssten nun enden. Selbstverständlich werden die illegalen Ströme gehorchen und ihr schändliches Tun sofort einstellen. Aber das ist noch nicht alles. Der richtige Hammer kam aus der Türkei. Mit schadenfrohem Grinsen packte der türkische Ministerpräsident seine Geschenke aus. Verdoppelte Geldzahlung fordert er und als Sahnehäubchen obendrauf die Visafreiheit für seine muslimischen Türken. Abermillionen Analphabeten aus Hinteranatolien können sich seit heute auf ihren Einmarsch ins gelobte Land freuen.

Merkel ist nicht nur eine verschlagene Volksverräterin, nein, sie ist auch – dumm. Sie kann doch nicht wirklich geglaubt haben, dass der knallharte Muselmann Erdogan ihre Vorstellungen tatsächlich ernst genommen hat. Vielmehr hat er sie in eine Falle laufen lassen, in die sie jetzt auch die anderen europäischen Völker zu locken versucht. Bezeichnend ist das Bild, das Merkel anlässlich eines ihrer Besuche abgibt: Der Kalif begrüßt sie oben auf der Treppe stehend, während sie ihm einige Stufen tiefer unterwürfig die Hand geben muss. Merkel will nicht sehen, dass sie in den Augen des Kalifen einen nicht behebbaren Fehler aufweist: Sie ist eine Frau!

Ist Merkelland abgebrannt?

Diese Frage stellten sich nach den Landtagswahlen am 13. März 2016 in der BRD viele Wähler, vor allem diejenigen, die AfD wählten. Schließlich war es deren sehnlicher Wunsch, diesen Zustand herbeizuführen, zumindest Merkel eins über die Rübe zu geben. Nun ja, wie wir dann sahen, hat es aus der Sicht der AfD-Wähler auch funktioniert. Freudestrahlend feierten Frau Petry, Frau von Storch und ihre Mannschaft ihren „Erfolg". Und die auf der anderen Seite befindlichen staatstragenden wahren Demokraten schauten ziemlich belämmert drein. Wahrscheinlich dachten die das Volk betrügenden Damen und Herren Abgeordneten und bisherigen Regierungsmitglieder mit Wehmut an die schöne, bisher leicht verdiente, Kohle, in diesen Kreisen verschämt Diäten genannt, derer sie verlustig gehen würden. Schreckliche Vorstellung, dass sie nun beim Discounter würden einkaufen müssen und nicht mehr bei Feinkost-Käfer oder Dallmayr in München ihre Leckerlis besorgen könnten. Seit vielen Jahren haben die etablierten Parteien die BRD als ihr eigenes Territorium betrachtet, und, wenn man genau hinsieht, stimmt das ja auch. Ergebnis: Merkelland ist abgebrannt!

Wirklich?

Oder hat der Augstein Jakob von SPON recht, wenn er tönt: „Merkels Sieg", die CDU verliert – aber die „Kanzlerin" gewinnt. Ja, er hat Recht! Warum denn das, fragt sich jetzt mancher Leser. Antwort: Die BRD ist zu einem Land mutiert, in dem es der Bevölkerung weit überwiegend egal ist, von welcher der bunten Regierungen sie vergewaltigt wird.

Es spielt nämlich keine Rolle, ob es die AfD gibt oder eine andere neue parteipolitische Gruppe. DAS SYSTEM AN SICH STINKT ZUM HIMMEL! Die Menschen lassen sich immer und immer wieder dazu verführen, das verfaulte, verlogene und heuchlerische System durch Wahlen zu erhalten und damit letztlich stabil zu halten. Wieso begreift der gehirngewaschene Bürger nicht endlich, dass er sich in einem Kreis bewegt, aus dem er schon längst hätte ausbrechen müssen. Vorgestern waren es die sogenannten Schwarzen und die Roten, gestern die Grünen und Pinkfarbenen und heute eben die Blauen, die letztlich nichts anderes wollen, als an die Fleischtöpfe der Macht zu kommen. Alle miteinander vertreten sie ein überholtes, weil menschenunwürdiges und ungerechtes System. Doch wie soll sich Grundsätzliches ändern, die Wende zum Besseren erfolgen, wenn die Menschen sich nicht ändern und sich endlich den politischen Rattenfängern verweigern?

Interessant ist ja, dass die von der Politik geförderte Asylbetrügerei das ganze Ausmaß des Dilemmas zum Vorschein gebracht hat. Es ist verständlich, dass die schwache und bar jeder Intelligenz, aber enorm machtgeile Merkel als Frontfrau diesen kranken und zerstörerischen Zustand, in dem wir uns inzwischen befinden, als Dauerzustand etablieren möchte. Deshalb lässt sie auch nicht von ihren Wahnvorstellungen ab, die deutschen Werte zu ersetzen durch eine Kultur, die im Vergleich zu der unseren nur erbärmlich genannt werden kann. Was ist mit dem, das sich im Inneren, ihren Köpfen, dieser Menschen verbirgt, die so ganz anders ticken? Das darf möglichst nicht angesprochen werden; vielmehr wird die Brisanz des Islam vertuscht, unter den Teppich der Einzelfälle gekehrt, verniedlicht, ja, sogar perverser Weise schöngeredet. Morden, Steinigung, Kopfabschneiden, Verstümmelung der Gliedmaßen wegen Kleinigkeiten, Auspeitschen, Unterdrückung der Frauen, Ausleben der Sexualität schlimmer als ein Vieh, und so weiter sind seit Merkel anscheinend zur „Staatsraison“ erhoben worden.

Zum Abschluss möchte ich auf den Sketch mit den zwei Tassen hinweisen; vielleicht erinnert sich der geneigte Leser daran. Auf YouTube kann das Video noch angeschaut werden.

Es ist Weihnachten. Zwei Tassen auf dem Tisch stehend mit Namen Angela und Frauke haben üble Laune. Sagt Frauke zu Angela: „Du kannst mich am Arsch lecken.“ Frauke setzt eins drauf: „Viermal am A....“ Angela gibt Frauke daraufhin die ultimative Antwort: „Immer zweimal mehr wie du!“

Warum wohl ist Angela die Siegerin? Weil sie immer noch auf die Mehrheit der das bestehende System stützenden Wahlschafe zählen kann.

In Anlehnung an Stéphane Hessels „Empört Euch!“ kann ich nur eindringlich an diejenigen appellieren, die ihr Kreuzchen bei den Betrüger-Parteien gemacht haben:

„Besinnt Euch!“ und „Verweigert Euch!“ Ansonsten geraten wir alle, ja, glaubt es endlich auch ihr werdet mitgerissen, vom Abgrund, an dem wir bereits stehen, in die Katastrophe.

Import-Weltmeister

Nachdem Merkelland bereits vor einigen Jahren den Titel des Export-Weltmeisters abgeben musste, und ihn absehbar auch nicht mehr erreichen würde, sah sich die Berliner Raute gezwungen, ein neues, hehres Ziel ihrem Personal, der inzwischen in ihren Köpfen verquirlten BRD-Bevölkerung, als höchst erstrebenswert gemäß sozialistischer und gleichzeitig kapitalistischer Manier einzuhämmern.

Nach quälend langem Nachdenken und geistiger Arbeit analog zu der entsetzlichen Anstrengung anlässlich ihrer seinerzeitigen „Doktor“-arbeit kam die Genossin ReGIE-Rungsvorsitzende schlussendlich auf den zündenden Einfall, der ebenso einfach wie genial war, weil er direkt zu ihren mit Römer Jesuslatschen bedeckten Füßen lag. Gönnen wir ihr nun den verdienten Triumph und lassen sie selbst erzählen:

Wenn mein! Land schon nicht mehr Export-Weltmeister sein darf, dann drehe ich die Sache einfach um, und mache daraus den Import-Weltmeister von meinen Gnaden. Ich weiß auch schon, wo meine neue Klientel herkommt. Nachdem nicht nur ich, sondern auch meine VorgängerreGIERungen dafür gesorgt haben, dass aus der langweiligen Spaß-Gesellschafts-BRD die neue Republik Germanistan wie Phoenix aus der Asche steigt, ist es nur folgerichtig, jetzt mit Pauken und Trompeten, äh Selfies, die gesamte muslimische Welt aufzufordern, in dieses mein! Land einzudringen und an meinem prallen Busen zu naschen. Wenn dann ein paar Millionen Analphabeten und junge, stramme Hengste erst mal hier sind, werden sie den einheimischen Duckmäusern schon die Leviten lesen. Und sei es mit Gewalt. Claudia wird mir für den Nachschub ebenso herzlich danken.

Eigentlich müsste daher mein! Land binnen kurzer Zeit zum Import-Weltmeister für Sozialparasiten und Terrorkünstler werden. Welch eine verlockende Aussicht. Warum kribbelt es jetzt so zwischen meinen Beinen? Und ich werde als erste Frau in der Geschichte zur fünften Stellvertreterin des gesegneten Propheten ernannt werden. Gleichzeitig werde ich mich mit meiner neuen Streitmacht als Rückgratersatz zur Vorgesetzten aller Europäer machen. Auch die widerspenstigen polnischen, tschechischen, ungarischen und slowakischen Ostkreaturen werde ich mir untertan machen.

Und für den Fall, dass einige meiner Untertanen im zukünftigen vierten Reich Germanistan, weil sie zu dumm sind, die durch mich geschaffenen Vorteile zu erkennen, bockig gegen die Import-Weltmeisterschaft protestieren oder gar demonstrieren, habe ich mir bereits ein Gegenmittel besorgen lassen: Ohrstöpsel! Eine Großpackung dieser Dinger. Hahaha! Da staunt ihr nicht schlecht, was mir alles einfällt. Die Teile lasse ich selbstverständlich aus dem Etat des Bundeskanzleramtes bezahlen. Schließlich ist der Kauf dienstlich bedingt. Hihihi! Damit verstopfe ich meine Ohren und kann so jederzeit behaupten, dass die anderen viel zu leise gesprochen haben; ich konnte sie demnach nicht hören. Und sollten ein paar Kleingeister mich eines Tages aufknüpfen wollen, so habe ich eine unwiderlegbare Ausrede, um diese schmutzige, ungerechte Attacke zu verhindern. Aber vorsorglich habe ich zusätzlich auch schon durch meine Schutz- und Sturmtruppe, die Antifa, die Kampagne „Rechtspopulisten“ angeleiert. Das ist politisch korrekter und aktueller als die Nazikeule. Kicher, kicher!

Meinen Plan habe ich natürlich nicht nur mit dem Schwarzen Mann, sondern auch mit dem türkischen Sultan und Kalifen Erdowahn abgestimmt. Er ist damit einverstanden, und hat mir versprochen, dass er mich zukünftig angeblich auf gleicher Augenhöhe behandeln wird. Seine Erstfrau hat allerdings so merkwürdig hinterfotzig gegrinst, als er das sagte. Aber ich vertraue selbstverständlich seinen Worten.

Es gäbe noch so viel zu sagen, aber jetzt habe ich einen enorm wichtigen Termin. Ein Treffen mit der Rothen Claudia und Crystal-Volker Meth, äh Beck. Die brauchen ihre Mama wieder mal zum ausheulen...

Quintessenz:
Merkel hat mit ihrer Politik den Hass in der BRD-Gesellschaft salonfähig gemacht.

FRANK NEULAND

Von der Wut hin zum Hass

-Eine Zwischenbilanz-

Als ich im Spätherbst 2015 mein Buch „Albtraum Deutschland – Eine Wut-Streitschrift“ veröffentlichte, ahnte ich nicht, welche verheerenden Zustände kaum ein halbes Jahr später im von den USA besetzten Land der Merkelclique eingetreten sind. Meine anscheinend immer noch vorhandene Blauäugigkeit hatte es nicht zugelassen, die inzwischen im wahrsten Sinne des Wortes Realität gewordene Verwüstung der gesellschaftlichen Verfassung wenigstens teilweise voraus zu sehen. Und ich dachte schon, ich hätte den Finger in die übelsten Wunden gelegt.

Im Sommer 2015 begann ich mich anlässlich einer Demonstration gegen TTIP in München speziell für dieses Thema zu interessieren. Das rüttelte mich gründlich wach. Darüber hinaus nahm ich ab diesem Zeitpunkt bewusst Kenntnis von all den unser Leben in immer stärkerem Maße höchst beeinträchtigenden lebens- und freiheitsfeindlichen, bösartigen Handlungen der Regierung und der Parteien unter dem Diktat einer an ihrer Spitze stehenden absolut machtgeilen, geisteskranken Unperson, die ausschließlich nur für ihre eigenen Belange lebt.

Ihre ultimative Einladung an alle Schmarotzer und Kulturbereicherer, in unser Land zu kommen, in dem selbstverständlich kostenlos Milch und Honig fließen, war der Auftakt für das Zerreißen all der Mühen, die wir uns jahrzehntelang machten, um friedlich miteinander umzugehen. Damit ist es bereits jetzt vorbei. Es vergeht kein Tag, an dem nach anfänglichem Leugnen und Schönreden durch Regierung und Medien nicht Belästigungen und Verbrechen durch Menschen aus einem völlig fremden „Kultur“kreis publik werden. Wer natürlich im auf Kosten des Volkes gepanzerten und mit zentimeterdicken Glasscheiben versehenen Luxusauto nebst zahlreichen Bodyguards durch die Gegend lustwandelt, nimmt von diesen Dingen nichts wahr. Aus diesem Grund werden sie wohl auch abgestritten –

es gibt sie einfach nicht. Der gemeine Bürger erfindet sie anscheinend aus Bosheit.

Wenn ich mir anschaue, mit welcher Arroganz die Illegalen sich teilweise inzwischen hier gegenüber den Einheimischen verhalten, auf deren Kosten sie leben, nicht mal ein Danke für die Wohltaten herausbringen, dann

verwandelt sich meine Wut in Hass!

Und diese Hassgefühle konzentrieren sich gerechter Weise zunächst auf die Personen, die dieses Desaster erzeugt haben. Gegen die das Volk aufstehen und sie bestrafen muss. Dass fast alle Illegalen nicht nur unberechtigter Weise Asyl fordern, sondern auch all die Dinge sofort haben möchten, für die wir uns Jahre und jahrzehntelang abgestrampelt haben, ist in gewissem Umfang verständlich. Eine derartige Privilegierung dieser Menschen darf jedoch nicht mal ansatzweise möglich sein.

Während sich das gemeine Volk so gegenseitig auf die Füße tritt, schafft die Politik immer neue Tatsachen, um die Gesellschaft noch ärger zu spalten. Nur dann kann sie diese auch beherrschen. Nicht die sogenannten Nazis und die Rechtspopulisten sind die wahren Hetzer in der BRD, sondern es sind vielmehr die Ansager in den Parteien und die politisch Verantwortlichen. Wieso ist es möglich, dass mehr oder weniger plötzlich eine neue, angeblich zumindest rechtspopulistische Partei den Ring betritt, und stattliche Wahlerfolge einfährt? Weil die Deutschen zu einem erheblichen Teil der Naziideologie zugetan sind? Lächerlich! Es ist das grundehrliche Unbehagen des Bürgers, das ihn angesichts des Regierungshandelns befällt. Bisher haben in der BRD weder die Republikaner, noch die NPD einen Fuß auf den Boden bekommen. Aber diese Politik treibt den genannten Parteien die Wähler ja förmlich zu!

Merkel, Gabriel, Gauck und all die anderen haben den Hass in der BRD salonfähig gemacht!

Er wird wohl ganz Europa befallen. Die Folgen haben all jene Menschen zu tragen, die eigentlich nur in Frieden und Wohlstand leben wollten. Doch dieser Wunsch wird tagtäglich von den Politverbrechern sabotiert. Und es gibt immer noch viel zu viele Unterstützer und Steigbügelhalter für diese, ansonsten diese Brut schon längst hätte zum Teufel gejagt werden müssen.

FRANK NEULAND

Zivilisationsprojekt Europa

Da hat doch einer der „Präsidenten“ der EU, nämlich der hochgebildete Martin Schulz sich wieder mal als eine ganz große Lachnummer erwiesen. Kaum war das Ergebnis des Referendums über den EU-Ukraine-Vertrag, mit dem sich die Niederländer dagegen aussprachen, veröffentlicht, begann er zu winseln: Das demokratisch ausgeübte Recht der Niederländer, nein zu sagen, führe dazu, das ZIVILISATIONS-Projekt Europa in Gefahr zu bringen.

Diese Aussage, verbunden mit der Aufforderung, demokratische Prozesse zu bekämpfen, ist jedoch nicht mehr zum Lachen. Vielmehr lässt dic Fratze der neoliberalen Globalisierung mit ihrem besonders widerlichen Puzzlestück der Entmündigung aller europäischen Bürger zu Gunsten eines von Wahnsinnigen zentral gesteuerten Großreichs jetzt die Maske wohl endgültig fallen. Selbstverständlich sind die Grünen, vertreten von Rebecca Harms, da gleich mit im Boot. Schulz und im Grunde alle deutschen Parteien und Politiker wollen im Grunde doch nur eines: Die Nationalstaaten vernichten.

Wenn ich mir die Wortwahl des sogenannten Zivilisationsprojekts Europa etwas genauer anschaue, dann fällt mir zunächst auf, dass unser Europa anscheinend in Vor-EU-Zeiten ein Dritte-Welt-Kontinent gewesen sein muss. Erst die Europäische Union mit ihrer Überregulierung, und dem damit einhergehenden Freiheitsentzug für die Völker Europas, hat nach dieser Definition generell das Gute gebracht. Doch sehe ich das genaue Gegenteil eingetreten. Je mehr sich die EU krebsartig ausgebreitet hat, desto größer und undurchsichtiger hat sich das Chaos in jeder Hinsicht verbreitet. Und es ist unglaublich, mit welcher Penetranz die Politparasiten Europa und die EU gleichsetzen.

Zwei Gründe sollen vorrangig den Erfolg der EU beweisen. Die gemeinsame Währung Euro und das grenzfreie Reisen. Seit der Einführung des Euro ist allerdings das Vermögen der Menschen radikal entwertet worden – nicht jedoch das der kleinen

Schicht der Reichen. Diese haben sich im Gegenteil weiter in unerträglichem Maße bereichern können. Die Gier wurde zum Markenzeichen erhoben. Dem normalen Bürger bleiben nur die Schulden. Hinsichtlich des freien Reisens zeigt sich in jüngster Zeit, wer vor allem dessen vermeintliche Vorteile genießt. Es sind dies nicht zuletzt die in Massen ins Land geholten Illegalen, die natürlich besonders erfreut darüber sind, wie leicht sich insbesondere Deutschland erobern lässt. Wieviel unnötige Lasten, Sorgen und Probleme lassen wir uns denn noch aufbürden?

Als das Monster EU sich als Krake entwickelte, blieb auch die Zivilisation Europas immer mehr auf der Strecke. Es ist höchste Zeit, die Vollstrecker der EU wie diesen unsäglichen Schulz zu bekämpfen.

Leben und Tod

Es ist für die autochthonen Deutschen ebenso wie für die Österreicher an der Zeit, sich über Leben und Tod nicht nur oberflächliche Gedanken zu machen, sondern vielmehr die eigene, persönliche Verantwortung zu übernehmen und Entscheidungen zu treffen. Manch einer wird jetzt denken, was will mir denn die Kassandra damit sagen? Es ist doch alles in Ordnung. Na ja, bis auf das bisschen Aufruhr wegen den in unsere Länder widerrechtlich eingedrungenen Bereicherern, insbesondere mit islamischem Hintergrund. Aber das hat doch unsere Politik voll im Griff.

Spätestens seit der immer und auch aus nichtigem Anlass beleidigt seiende türkische Kalif und Padischah von Allahs Gnaden mit dem Namen Erdowahn der europäischen Welt auch im Detail seinen Willen aufoktroyiert, und seine deutsche Vollstreckerin ihrem Schoßhündchen Maas den Befehl zur schariagerechten Gesetzgebung erteilt hat, ist Feuer am Dach. Ist die Ampel der Gefährdung unseres Lebens in der bisherigen Ausübung auf Rot gesprungen.

Haben europäische Länder wie Ungarn, die Tschechische Republik, Polen, die Slowakei, schon frühzeitig gerochen, wie verbrannt der Braten der Steinzeit-Ideologie unter dem Label Islam tatsächlich ist, und den Terror-Islam ihren Bevölkerungen damit erspart, desto wüster treibt es die Führerin des Vierten Deutschen Reichs. Nicht nur der Bruch der Verfassung und diverser Gesetze genügt ihr, nein: Jetzt geht es bereits darum, die deutschen Gesetze nach dem Willen des Größenwahnsinnigen in Ankara zu gestalten und damit Tür und Tor für Willkür, Mord, Folter, etc. zu öffnen. Das Zeitalter der Aufklärung soll ausgelöscht, persönliche Freiheit vernichtet werden.

Es geht schlichtweg um Leben und Tod. Unser Leben soll einer lebensfeindlichen Ideologie unterworfen werden. Wer sich nicht unterwirft, erleidet schnell den körperlichen Tod. Bärtige Irre bestimmen darüber. Auch wenn davon auszugehen ist, dass wir nicht alle ausgelöscht werden können, weil zukünftige deutsche Sklaven gehalten werden müssen, um der neuen Herrschaftselite ein ihnen zustehendes angenehmes Leben ohne Anstrengung zu verschaffen. Doch was ist mit unserem geistigen Leben? Es ist mehr noch als unser physischer Tod dazu verurteilt, dahin zu siechen, um letztlich ausgerottet zu werden.

Jeder, der jetzt und zukünftig aus den Tiefen des nordafrikanischen Raums in unser (noch) Land kommend, diese eingeleitete Schwächung der indigenen Bevölkerung verfolgt, wird diese Schwäche mit Vergnügen ausnutzen. Und diese Entwicklung wird speziell von der untersten Schicht der Eindringlinge genauestens beobachtet. Wollen wir angesichts dessen nicht endlich unserer Verantwortung für uns und die ganze Gesellschaft gerecht werden. Uns für uns entscheiden?

Die Brandstifterin

Sie haben sicher schon vom sogenannten „Vater der Türken“ gehört. Dieser Ehrentitel wurde dem Gründer der Republik Türkei, *Mustafa Kemal Atatürk*, 1934 vom türkischen Parlament verliehen. Er reformierte die türkische Gesellschaft weitreichend. Nicht nur mit der Abschaffung von Kalifat und Sultanat öffnete er die Türkei für das aufklärerische politische Denken westlicher Prägung.

Da haben wir also einen Mann, der erkannt hatte, dass mit den vom Koran propagierten Glaubenssätzen nun wirklich kein Staat zu machen war, insbesondere der Anschluss an Europa schlicht und einfach nicht möglich war. Die bisher koranbezogene Rechtsprechung wurde durch das Zivilrecht der Schweiz ersetzt. Allein dieses Detail zeigt die Weitsicht und Klarheit im Denken dieses Mannes.

Kein Wunder, dass er deutlich sagte:
„Der Islam gehört auf den Müllhaufen der Geschichte. Diese absurde Gotteslehre eines unmoralischen Beduinen ist ein verwesender Kadaver, der unser Leben vergiftet. Er ist nichts anderes als eine entwürdigende und tote Sache."

So urteilt ein großer Mann und Mensch, der unter dieser Ideologie aufwuchs, sie aber aufgrund der ihr innewohnenden mörderischen Verachtung menschlichen Lebens nicht akzeptieren konnte und wollte. Die Türkei war also auf dem besten Weg, Anschluss an das aufgeklärte Europa zu finden. Die europäischen Völker hatten sich bereits weitgehend vom Diktat insbesondere der römisch-katholischen Kirche, welches die Gehirne der Menschen verseucht hatte, befreit.

Heute, ein Dreivierteljahrhundert nach Atatürk, ist die Türkei in höchster Gefahr, in die Barbarei von Islam, Koran und Scharia zurück zu fallen. Verantwortlich dafür ist ein größenwahnsinniger, dreist auftretender Muslim, der sein Volk in den Krieg gegen Europa und dessen sich in jahrhundertelangen Kämpfen und Anstrengungen erworbene Werte führen will: Recep Tayyip Erdogan. Erdowahn, 1998 wegen islamistischen Reden zu zehn Monaten Haft und lebenslangem Verbot, sich politisch zu betätigen, verurteilt, ist heute Präsident der Türkei. Eine Schande. Schämt euch, ihr Türken, die ihr das zugelassen, ja sogar gefördert habt!

Dieser Vorbestrafte ist so unverschämt, persönlich in Deutschland aufzutreten, um bei den hier lebenden Türken Wahlwerbung für sich zu betreiben. Deutlicher kann er nicht zeigen, als was er Deutschland betrachtet, nämlich als türkische Provinz. Dass er sich dieses Verhalten ohne Sanktionen befürchten zu müssen leisten kann, zeigt sich in der grenzenlos devoten Haltung ihm gegenüber in der Person, die an der Spitze der deutschen Regierung steht: Angela Merkel, auch genannt die Berliner Raute.

Merkel ist in einer Art und Weise dem Islam und seinen aus ihm geborenen Terrorbrigaden gegenüber gefällig, dass durch ihre Handlungsweise sich diese geradezu herausgefordert sehen müssen, einen Flächenbrand herbei zu führen. Es ist nicht ausgeschlossen, dass diese Unperson sich womöglich schon längst der islamistischen

Ideologie mit Haut und Harren verschrieben hat.

Merkel ist die deutsche und europäische Brandstifterin!

Warum kann sie diese, ihr auf den Leib geschriebene Rolle, noch immer weiter spielen? Weil ein großer Teil der Deutschen und der betroffenen europäischen Völker sich nicht mit aller Konsequenz gegen sie stellt und sie beseitigt. Wie sagte Atatürk? „Der Islam gehört auf den Müllhaufen der Geschichte!“

Warum werfen wir diese Brandstifterin nicht ebenfalls auf den Müll? Es ist höchste Zeit.